Thank you
for choosing this book!
Please rate it on Amazon:

Get free PDF book
«100 Best Adult Color By Numbers»
on SunlifeDrawing.com

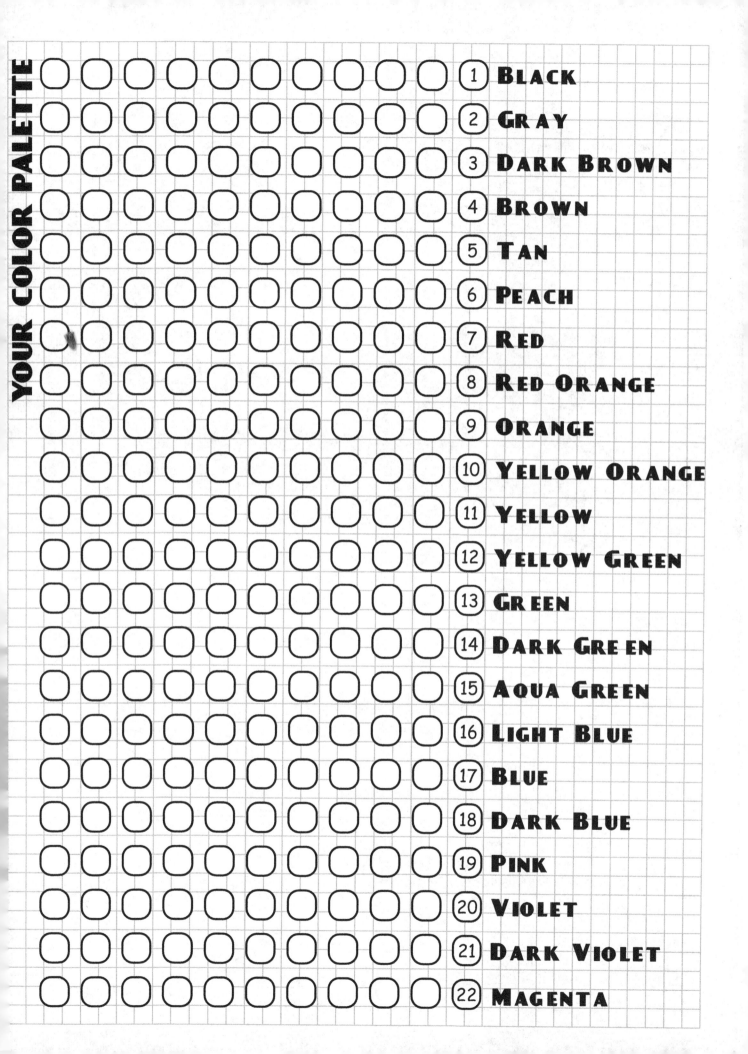

YOUR COLOR PALETTE

1. BLACK
2. GRAY
3. DARK BROWN
4. BROWN
5. TAN
6. PEACH
7. RED
8. RED ORANGE
9. ORANGE
10. YELLOW ORANGE
11. YELLOW
12. YELLOW GREEN
13. GREEN
14. DARK GREEN
15. AQUA GREEN
16. LIGHT BLUE
17. BLUE
18. DARK BLUE
19. PINK
20. VIOLET
21. DARK VIOLET
22. MAGENTA

1 BLACK

3 DARK BROWN

4 BROWN

5 TAN

6 PEACH

9 ORANGE

10 YELLOW ORANGE

11 YELLOW

12 YELLOW GREEN

13 GREEN

14 DARK GREEN

19 PINK

⑤ Tan

⑥ Peach

⑦ Red

⑨ Orange

⑩ Yellow Orange

⑪ Yellow

⑫ Yellow Green

⑬ Green

⑭ Dark Green

⑲ Pink

⑳ Violet

㉑ Dark Violet

㉒ Magenta

1. BLACK
2. GRAY
3. DARK BROWN

15. AQUA GREEN
16. LIGHT BLUE
17. BLUE
18. DARK BLUE
19. PINK

22. MAGENTA

3. DARK BROWN
4. BROWN
5. TAN
6. PEACH
7. RED
8. RED ORANGE
9. ORANGE
10. YELLOW ORANGE
11. YELLOW
12. YELLOW GREEN
13. GREEN
14. DARK GREEN

16. LIGHT BLUE
17. BLUE
18. DARK BLUE
19. PINK
20. VIOLET
21. DARK VIOLET
22. MAGENTA

```
                  16 16 16 16 16 16              16 16 16 16 16 16                              16
                     16 16 16 16 16 16                 16 16 16 16                        16 16 16
         16 13 16 16 16 16                          16 16 16 16 16 16 16                      16 16
         16 13 16 16 16 16 16                     16 16    16 16 16 16 16              16         16 16
         13 13 16       16                   16          16 16 16 16 16 16       13          16 16 16
16       16 13 13 16                                     16 16 16 16 16 16 16          13 16 16 16 16
16 16 16 13 13 13 16                                  16 16 16 16 16 16 16 16      16 13 13 16 16 16
16 16 13 13 13 16 16       16 16       16          16 16 16    16 16 16 16 16 16 16 13 13 16 16 16
16 16 13 13 13 16 16 16 16 16 16    16 16 16 16 16 16 16 16       16 16 16 16 16 16 13 13 16 16 13 16 16
16 16 13 13 13 16 16 16 16 16 16 16 16 16 16 16 16 16 16 16       16 16 16 16 16 16 13 13 16 16 13 16 16
16 16 13 13 13 13 16 16 16    16 16 16 16 16 16 16 16 16 16       16 16 16 16 13 14 16 16 13 16 16
16 13 13 14 13 13 16 16    16 16    16 16 16 16 16 16       16 13 16 13 13 14 16 13 13 13 16
16 13 13 14 14 13 16 16 16 16 16 16 16 16 16 16 16    17       17       16 13 14 16 13 13 13 16 13 13 14
13 13 13 13 14 13 16 16 16 16 16 16 16    17    17 17    17       17       13 13 16 13 14 13 16 13 14 16
16 13 14 14 14 14 16 16 16 17 17    17    17    17 17 17    17 17    17    17    13 13 14 13 14 13 13 13 14 14 14
16 13 14 14 14 17 17 17 17 17 17 17 17 17 17 17 18 17 17 18 17 17    17 17 17 17 13 14 13 13 14 14 13 14 14
13 13 13 14 14 13 4 3 4 3 4 3 4 3 4 3 4 17 18 17 18 17 17 17    17 13 13 13 14 13 14 14 20 13 14
13 14 14 14 13 4 3 4 3 4 3 4 3 4 3 4 3 4 17 18 17 18 17 18    17 18 13 14 13 14 14 14 14 20 20 14 21
14 14 14 14 4 3 4 3 4 3 4 3 4 3 4 3 6 3 4 18 17 18 18 18 17 18 13 13 14 13 14 14 14 20 20 20 20 21
14 20 14 4 3 4 3 4 3 4 3 4 3 4 3 6 6 6 3 4 18 17 18 17 18 18 17 13 13 14 14 20 20 20 20 20 21 21
20 21 20 3 4 3 4 3 4 3 4 3 4 3 6 6 18 6 6 3 4 18 18 18 17 18 13 14 14 13 20 20 20 21 21 21 20
21 20 21 20 3 4 3 4 3 4 3 4 3 6 6 6 18 6 6 6 3 4 18 18 18 14 14 13 14 20 20 20 21 20 20 21
21 21 20 21 4 3 4 3 4 3 4 3 6 6 6 6 6 6 6 6 3 18 18 14 18 14 14 13 20 20 20 20 21 20 21 20
20 21 21 21 20 5 5 5 5 5 5 5 6 6 6 6 6 3 3 3 6 18 18 18 18 14 20 21 13 14 20 20 20 21 21 21 21
21 21 21 21 21 5 5 5 18 18 5 5 6 18 18 6 6 3 3 3 6 12 18 14 14 20 20 21 14 20 20 20 20 21 21 20
21 21 20 21 20 5 5 5 18 18 5 5 6 18 18 6 6 3 3 3 6 12 12 12 20 20 20 21 21 21 14 20 21 21 20 21 21 12
21 12 21 12 5 12 12 5 5 5 5 5 6 6 6 6 6 3 3 3 6 12 12 20 20 21 21 20 21 21 14 21 20 21 12 21 12 12
12 12 12 12 12 12 12 12 12 13 12 5 6 12 6 12 6 3 3 3 6 8 8 8 21 20 21 21 21 14 12 21 12 12 12 12 12 13
12 13 12 12 12 11 12 12 13 12 12 12 12 12 13 12 8 8 8 8 8 8 9 8 8 21 21 12 21 12 12 12 13 12 11 12 12 12
12 12 10 12 13 12 12 12 12 12 12 12 13 12 12 12 13 12 13 8 8 9 9 9 12 12 12 12 12 12 12 12 12 12 12 13 12
12 13 12 12 12 10 13 12 13 11 12 12 12 12 12 12 13 12 13 13 8 8 12 12 12 13 12 12 12 12 12 12 12 12 12 12
7 12 20 12 12 11 10 12 10 12 12 10 12 12 12 12 12 12 13 8 9 12 12 13 12 12 12 10 12 11 12 12 12 12 12 10 12
7 12 12 20 12 12 11 12 20 12 12 13 12 13 12 12 10 12 13 9 9 12 12 12 12 11 12 12 12 12 13 10 12 12 12 12
12 13 13 12 13 12 13 13 20 12 13 12 12 12 12 12 13 9 8 12 12 7 12 12 12 10 12 13 11 12 10 12 12 13 12 12
12 13 10 11 12 13 7 12 13 20 12 20 12 12 10 12 13 8 8 9 13 12 12 13 12 12 12 13 10 12 12 7 12 12 11 12
20 12 12 13 12 7 12 7 12 13 12 20 20 13 12 13 8 9 9 13 12 7 12 12 13 12 12 12 13 7 12 12 12 11 10 11
20 20 13 12 12 11 22 22 12 12 7 12 12 13 8 9 8 12 12 12 7 12 20 13 12 13 12 7 12 12 20 7 13 12 12 13
12 20 11 13 20 13 12 7 13 7 12 22 7 13 8 9 8 8 12 7 12 22 22 13 12 12 20 12 20 12 7 20 19 12 12 13 13 12
20 13 10 20 12 20 7 13 12 7 22 12 13 8 8 9 9 12 13 12 7 12 13 12 20 12 13 12 12 20 12 13 12 12 10
13 12 13 13 20 7 13 12 13 12 7 13 8 9 9 8 12 13 12 12 20 12 11 10 12 13 12 20 13 12 20 12 12 13 11
13 13 10 11 13 12 13 7 20 13 14 8 9 9 8 8 13 12 13 12 13 20 13 19 20 13 10 11 12 12 20 12 13 19 13 20 20 10
20 13 14 14 10 11 7 12 13 14 8 9 9 9 9 9 14 13 13 7 12 7 19 22 13 11 11 12 13 20 13 12 19 20 12 12 20 10
20 12 13 7 13 10 14 13 14 14 8 9 8 9 9 13 14 7 22 7 7 13 12 14 11 10 13 10 20 19 20 14 19 13 20 13 11 11
13 7 7 22 11 14 10 14 14 8 9 8 9 8 9 8 13 14 7 22 13 14 13 14 10 13 20 19 20 13 10 11 13 7 13 12 7 13
10 13 22 7 22 7 13 14 8 8 8 9 9 9 8 13 14 13 7 7 20 12 14 13 11 13 20 13 12 13 20 10 12 22 20 20 19 7
11 14 22 7 22 7 14 8 8 9 8 9 9 9 8 14 13 13 14 20 19 20 14 13 7 20 13 7 12 20 20 13 14 7 22 20 7 22
14 13 13 7 13 7 8 8 9 9 9 9 8 8 14 13 14 7 13 19 20 14 13 14 7 7 14 14 13 7 14 7 14 7 20 13 7
14 14 14 14 14 14 8 9 9 8 9 8 13 14 14 7 7 13 13 20 7 22 7 7 13 13 14 13 19 7 22 7 14 22 14
13 14 13 14 14 8 9 8 9 8 9 8 14 14 13 13 14 7 14 13 14 14 13 14 7 14 13 7 7 14 7 13 14 13 7 22 7
14 14 14 14 8 9 9 9 8 8 9 8 14 14 14 13 13 7 14 20 20 14 13 13 13 13 14 13 14 7 22 7 13 14 7 7 14 14 13
14 13 14 14 8 9 8 9 8 9 9 9 8 14 14 13 14 13 13 14 20 13 14 14 13 14 13 14 13 7 7 14 14 7 22 7 13 14 14
14 14 14 14 8 8 8 8 9 9 8 8 14 13 14 13 14 14 14 14 14 13 14 14 14 13 14 14 13 14 14 7 7 14 14 14
```

① BLACK

③ DARK BROWN
④ BROWN
⑤ TAN
⑥ PEACH

⑧ RED ORANGE

⑫ YELLOW GREEN
⑬ GREEN
⑭ DARK GREEN
⑮ AQUA GREEN
⑯ LIGHT BLUE

⑲ PINK

㉒ MAGENTA

1. BLACK
2. GRAY
3. DARK BROWN

5. TAN
6. PEACH

9. ORANGE
10. YELLOW ORANGE
11. YELLOW
12. YELLOW GREEN
13. GREEN
14. DARK GREEN

16. LIGHT BLUE
17. BLUE
18. DARK BLUE

21. DARK VIOLET
22. MAGENTA

① Black

③ Dark Brown
④ Brown
⑤ Tan
⑥ Peach

⑧ Red Orange
⑨ Orange

⑫ Yellow Green
⑬ Green
⑭ Dark Green

1 BLACK

2 GRAY

3 DARK BROWN

4 BROWN

7 RED

8 RED ORANGE

9 ORANGE

10 YELLOW ORANGE

11 YELLOW

17 BLUE

18 DARK BLUE

19 PINK

22 MAGENTA

(3) **DARK BROWN**

(4) **BROWN**

(5) **TAN**

(6) **PEACH**

(7) **RED**

(9) **ORANGE**

(10) **YELLOW ORANGE**

(11) **YELLOW**

(12) **YELLOW GREEN**

(13) **GREEN**

(14) **DARK GREEN**

(16) **LIGHT BLUE**

(17) **BLUE**

(18) **DARK BLUE**

⑦ RED

⑩ YELLOW ORANGE

⑪ YELLOW

⑫ YELLOW GREEN

⑬ GREEN

⑭ DARK GREEN

⑯ LIGHT BLUE

⑰ BLUE

⑲ PINK

⑳ VIOLET

㉑ DARK VIOLET

㉒ MAGENTA

③ **DARK BROWN**

④ **BROWN**

⑩ **YELLOW ORANGE**

⑪ **YELLOW**

⑮ **AQUA GREEN**

⑯ **LIGHT BLUE**

⑰ **BLUE**

⑱ **DARK BLUE**

⑲ **PINK**

⑳ **VIOLET**

㉑ **DARK VIOLET**

㉒ **MAGENTA**

① BLACK

⑥ PEACH

⑧ RED ORANGE

⑨ ORANGE

⑩ YELLOW ORANGE

⑪ YELLOW

⑫ YELLOW GREEN

⑬ GREEN

⑯ LIGHT BLUE

⑰ BLUE

⑲ PINK

⑳ VIOLET

㉑ DARK VIOLET

㉒ MAGENTA

(2) GRAY

(3) DARK BROWN

(4) BROWN

(5) TAN

(6) PEACH

(7) RED

(12) YELLOW GREEN

(13) GREEN

(14) DARK GREEN

(16) LIGHT BLUE

(17) BLUE

(18) DARK BLUE

(20) VIOLET

(21) DARK VIOLET

(22) MAGENTA

③ **DARK BROWN**

⑤ **TAN**

⑥ **PEACH**

⑦ **RED**

⑧ **RED ORANGE**

⑨ **ORANGE**

⑩ **YELLOW ORANGE**

⑪ **YELLOW**

⑫ **YELLOW GREEN**

⑬ **GREEN**

⑭ **DARK GREEN**

⑲ **PINK**

㉒ **MAGENTA**

1 **BLACK**

7 **RED**

8 **RED ORANGE**

9 **ORANGE**

10 **YELLOW ORANGE**

12 **YELLOW GREEN**

13 **GREEN**

14 **DARK GREEN**

③ **DARK BROWN**

④ **BROWN**

⑨ **ORANGE**

⑩ **YELLOW ORANGE**

⑪ **YELLOW**

⑫ **YELLOW GREEN**

⑬ **GREEN**

⑯ **LIGHT BLUE**

⑰ **BLUE**

⑱ **DARK BLUE**

- ③ DARK BROWN
- ④ BROWN
- ⑤ TAN
- ⑥ PEACH
- ⑦ RED
- ⑧ RED ORANGE
- ⑨ ORANGE

- ⑫ YELLOW GREEN
- ⑬ GREEN
- ⑭ DARK GREEN

- ⑯ LIGHT BLUE
- ⑰ BLUE

- ⑳ VIOLET
- ㉑ DARK VIOLET
- ㉒ MAGENTA

3 DARK BROWN

5 TAN

7 RED

8 RED ORANGE

9 ORANGE

10 YELLOW ORANGE

11 YELLOW

12 YELLOW GREEN

13 GREEN

14 DARK GREEN

15 AQUA GREEN

16 LIGHT BLUE

17 BLUE

18 DARK BLUE

20 VIOLET

21 DARK VIOLET

③ **DARK BROWN**

④ **BROWN**

⑥ **PEACH**

⑦ **RED**

⑧ **RED ORANGE**

⑨ **ORANGE**

⑩ **YELLOW ORANGE**

⑪ **YELLOW**

⑫ **YELLOW GREEN**

⑬ **GREEN**

⑲ **PINK**

⑳ **VIOLET**

㉑ **DARK VIOLET**

㉒ **MAGENTA**

1. BLACK
2. GRAY

4. BROWN

7. RED
8. RED ORANGE
9. ORANGE

11. YELLOW
12. YELLOW GREEN
13. GREEN

19. PINK
20. VIOLET

22. MAGENTA

③ DARK BROWN

④ BROWN

⑥ PEACH

⑦ RED

⑧ RED ORANGE

⑩ YELLOW ORANGE

⑫ YELLOW GREEN

⑬ GREEN

⑭ DARK GREEN

⑯ LIGHT BLUE

⑰ BLUE

⑱ DARK BLUE

⑲ PINK

① **BLACK**

⑦ **RED**

⑪ **YELLOW**

⑫ **YELLOW GREEN**

⑬ **GREEN**

⑭ **DARK GREEN**

⑯ **LIGHT BLUE**

⑰ **BLUE**

⑱ **DARK BLUE**

⑲ **PINK**

⑳ **VIOLET**

㉒ **MAGENTA**

③ **Dark Brown**

④ **Brown**

⑦ **Red**

⑩ **Yellow Orange**

⑪ **Yellow**

⑫ **Yellow Green**

⑬ **Green**

⑭ **Dark Green**

⑯ **Light Blue**

⑰ **Blue**

㉒ **Magenta**

③ **DARK BROWN**

④ **BROWN**

⑥ **PEACH**

⑦ **RED**

⑧ **RED ORANGE**

⑨ **ORANGE**

⑩ **YELLOW ORANGE**

⑪ **YELLOW**

⑫ **YELLOW GREEN**

⑬ **GREEN**

⑭ **DARK GREEN**

⑯ **LIGHT BLUE**

⑰ **BLUE**

⑲ **PINK**

⑳ **VIOLET**

㉑ **DARK VIOLET**

㉒ **MAGENTA**

Made in the USA
Las Vegas, NV
04 February 2024